♥

자애로우신 주님,

저의 자녀 _____ 을/를 생각하시어
은총을 내려주시고
주님 사랑 안에서 건강히 살아가게 하소서.
또한 오늘 당신께 드리는 저의 기도가
자녀의 앞날에 큰 힘과 위로가 되게 하소서.
아멘.

♥

《자녀 축복 노트》 시작하기

♥ 자녀 축복 노트는 어떤 노트인가요?

하느님의 은총 안에서 자녀가 자라도록 축복을 청하는 노트입니다. 100일 동안 자녀를 위해 정성을 다해 기도하며, 마음 깊이 묵상한 것을 기록할 수 있습니다. 입시나 취업 준비 등 중요한 시기를 보내고 있는 자녀를 위해 특별한 지향을 두고 작성해도 좋습니다.

♥ 자녀 축복 노트는 왜 써야 할까요?

자녀를 아끼고 걱정하는 마음은 한결같지만, 자녀를 위해 매일 기도하고 매 순간 자녀를 다정하게 대하기란 쉽지 않습니다. 하지만 《자녀 축복 노트》를 곁에 둔다면 더 자주 기도하며 주님의 사랑 안에서 자녀와 더 가까워질 수 있습니다. 또한 자녀를 따뜻하게 돌보시는 주님의 크신 은총을 더욱 깊이 깨닫는 시간이 될 것입니다.

♥ 자녀 축복 노트, 이렇게 써 보세요!

1. 시작 기도

노트를 쓰기 전에, 십자 성호를 긋고 시작 기도를 바치세요. 이 노트에 실린 기도를 바쳐도 좋고, 주님의 기도를 드려도 좋습니다. 자녀를 위해 기도할 수 있는 소중한 시간을 허락해 주신 주님께 감사의 마음을 드리세요.

2. 오늘의 말씀

사랑하는 자녀를 떠올리며 읽을 수 있는 성경이나 책의 구절을 담았습니다. 한 구절씩 천천히 읽어 보세요.

3. 오늘의 묵상

말씀을 읽고 떠오른 생각이나, 사랑하는 자녀와 보낸 소중한 시간을 돌아보며 생각을 정리해 보세요. '오늘의 말씀'을 읽으며 마음에 와닿는 구절을 메모해 두었다가 틈틈이 묵상해도 좋습니다.

4. 오늘의 기도

사랑하는 자녀를 위해 주님께 무엇을 청할지 침묵 가운데 생각해 보세요. 차분히 기도를 바친 뒤, 자녀를 위해 바쳤던 모든 기도를 적어 보세요. 자녀를 위한 하느님의 은총을 청하며 자유롭게 써 보세요.

5. 오늘의 실천

자녀와 가까워질 수 있는 활동을 적어두었습니다. 사랑하는 자녀를 위해 매일 실천해도 좋고, 마음에 드는 것을 골라 실천해도 좋습니다. 다양한 활동을 하며 자녀에게 힘이 되어 주세요.

노트 작성 예시

Day ♥ 1   2024. 6 . 20 . 목요일

♥
오늘의 말씀

그분께서 그들을 찾아오실 때에 그들은 빛을 내고 그루터기들만 남은 밭의 불꽃처럼 퍼져 나갈 것이다. 그들은 민족들을 통치하고 백성들을 지배할 것이며 주님께서는 그들을 영원히 다스리실 것이다. 주님을 신뢰하는 이들은 진리를 깨닫고 그분을 믿는 이들은 그분과 함께 사랑 속에 살 것이다.

지혜 3,7-9

오늘의 묵상

우리 ○○이가 집중해서 미사에 참여하는 모습을 보니 기특하고 뿌듯했다. ○○이가 오늘 읽은 말씀처럼, 믿음을 키워 주님의 사랑 속에 살아갔으면 좋겠다.

♥ 오늘의 말씀을 읽고 떠오른 생각이나, 자녀와 보낸 하루를 돌아보며 자유롭게 적어 보세요.

오늘의 기도

화살기도
아이의 마음을 헤아릴 수 있게 도와주세요.

♥ 오늘 자녀를 생각하며 바친 기도를 적어 보세요.

오늘의 실천

자녀를 위해 묵상하고 싶은 구절을 잘 보이는 곳에 적어 두세요. 수시로 묵상하며 주님의 은총을 청하세요.

자녀를 위한 기도

세상을 창조하신 하느님,
하느님께서는 저희에게 귀한 자녀를 주시어
창조를 이어 가게 하셨으니
주님의 사랑으로 자녀를 길러
주님의 영광을 드러내게 하소서.
주님, 사랑하는 저희 자녀를
은총으로 보호하시어
세상 부패에 물들지 않게 하시며
온갖 악의 유혹을 물리치고
예수님을 본받아
주님의 뜻을 이루는 일꾼이 되게 하소서.
우리 주 그리스도를 통하여 비나이다.
아멘.

어머니의 기도 1
캐리 마이어스

사랑하올 예수님,
아이들을 이해하고
아이들의 말을 끝까지 들어 주고
묻는 말에 일일이 친절하게
대답할 수 있도록 도와주소서.

면박을 주는 일 없도록 도와주소서.
아이들이 우리에게 공손히 대해 주기를 바라듯
우리가 잘못했다고 느꼈을 때
아이들에게 용서를 빌 수 있는 용기를 주옵소서.

아이들의 잘못에 창피를 주거나
상처 주는 말을 하지 않게 도와주시고
아이들에게 잔소리를 하지 않게 하여 주옵소서. 아멘.

어머니의 기도 2
캐리 마이어스

사랑하올 어머니,
저희에게 아이의 작은 요구까지도 듣는 귀를 주시고,
온화하게 웃는 눈을 주시며, 성급하게 말하지 않는 입을 주소서.
그리고 저희가 아이와 함께하는 순간이 기쁨임을 아는 지혜와
지칠 때 웃을 수 있는 용기를 잃지 않도록 보살펴 주소서.

사랑하올 어머니,
저희에게 아이의 사소한 질문 하나까지도
답할 수 있는 친절을 주시고,
어떤 상황에서도 아이를 따스하게 안아 줄 수 있는
넓은 마음을 주소서.
그리고 저희가 어찌할 바 모르고 혼란스러울 때면
저희의 중심인 당신의 아드님을 찾게 해 주시고,
너무도 답답하여 견디기 어렵다는 생각이 들 때면
저희의 위로자이신 어머니를 찾게 해 주소서.

그리하여 저희 가정에 어떠한 고통스러운 기억도 남지 않도록
저희를 자비로이 보살펴 주소서. 아멘.

♥
―

은총

우리에게 주어진 모든 것은 은총입니다.
우리를 언제나 당신 자비로 이끄시는 하느님께
자녀를 위해 축복을 청해 보세요.

Day ♥ 1

오늘의 말씀

그분께서 그들을 찾아오실 때에 그들은 빛을 내고 그루터기들만 남은 밭의 불꽃처럼 퍼져 나갈 것이다. 그들은 민족들을 통치하고 백성들을 지배할 것이며 주님께서는 그들을 영원히 다스리실 것이다. 주님을 신뢰하는 이들은 진리를 깨닫고 그분을 믿는 이들은 그분과 함께 사랑 속에 살 것이다.

지혜 3,7-9

오늘의 묵상

오늘의 기도

오늘의 실천

자녀를 위해 묵상하고 싶은 구절을 잘 보이는 곳에 적어 두세요. 수시로 묵상하며 주님의 은총을 청하세요.

Day ♥ 2

오늘의 말씀

당신께 비옵는 누구에게나, 진정으로 비는 누구에게나, 주님은 가까이 계시나이다. 당신을 두려워하는 자에게 원대로 해 주시고, 그 애원을 들으시어 구해 주시나이다. 당신 사랑하는 자는 주께서 다 지키시고, 악한 자들은 모두 다 멸하시나이다. 주님의 찬미를 내 입은 아뢰어라.

《시편과 아가》, 시편 145편

오늘의 묵상

오늘의 기도

오늘의 실천

자녀와 눈을 맞추고 자녀를 사랑하는 마음을 가득 담아 이름을 다정하게 불러 주세요.

Day ♥ 3

오늘의 말씀

성령께서 일치를 이루어 주신다고 믿는 것은 커다란 은총입니다. 하느님 백성의 은사를 언제나 새롭게 간직하는 것이 우리 세례 소명의 일부입니다. 서로 만나 관계를 맺는 것이 함께 나눌 수 있는 많은 것을 찾아내는 가장 좋은 길입니다.

프란치스코 교황, 《프란치스코 교황이 초대하는 이달의 묵상: 친교의 기쁨》

오늘의 묵상

오늘의 기도

오늘의 실천

자녀에게 고마웠던 일들을 찬찬히 떠올려 보세요. 그 마음을 자녀에게 아낌없이 표현해 주세요.

Day ♥ 4

오늘의 말씀

하느님을 알기 위해서는 자주 그분을 생각해야 합니다. 그리고 우리가 하느님을 사랑하게 되면 좀 더 자주 그분을 생각하게 될 것입니다. 우리 보물이 있는 곳에 우리 마음도 있는 법입니다. 그분을 자주, 더 깊이 생각하시기 바랍니다.

부활의 로랑, 《하느님의 현존 연습》

오늘의 묵상

오늘의 기도

오늘의 실천

자녀와 평일 미사에 참례하고, 그날의 복음에 관해 이야기해 보세요. 복음 내용을 떠올리며 자녀와 함께 기도를 드리세요.

Day ♥ 5

> **오늘의 말씀**
>
> 예수님, 저희를 위하여 이 감실 안에 밤낮으로 계시는 분이시여! 바라건대 제 마음을 당신에게로 이끌어 주십시오. 저는 오로지 당신만을 찾고, 생각하며, 사랑할 뿐 그 어떤 것도 소망하지 않습니다. 이 모든 것을 당신의 수난 공로로 이루어 주소서. 이것이 제 희망입니다.
>
> 알폰소 리구오리 성인, 《성체 조배》

오늘의 묵상

오늘의 기도

오늘의 실천

자녀가 하느님 품 안에서 보호받고 있음을 묵상해 보세요. 자녀가 하느님께 더 나아가고 있다는 믿음을 가지세요.

Day ♥ 6

오늘의 말씀

천사들이 눈에는 보이지 않지만 언제나 그대 곁에 있음을 잊지 마십시오. 특히 그대의 교구와 본당, 가정은 물론 그대 자신의 수호천사를 사랑하고 공경하십시오. 자주 그들과 교류하는 가운데 함께 하느님을 찬미하고, 그대의 영적인 일이나 현세적인 일을 모두 도와주시기를 청해야 합니다.

프란치스코 살레시오 성인, 《신심 생활 입문》

오늘의 묵상

오늘의 기도

오늘의 실천

혼자 있고 싶어 하는 자녀의 마음을 존중해 주세요. 자녀가 자신만의 시간을 가지도록 해 주면서 따뜻하게 지켜봐 주세요.

Day ♥ 7

> 오늘의 말씀
>
> 내 아들아, 네가 만일 내 말을 받아들이고 내 계명을 네 안에 간직한다면, 지혜에 네 귀를 기울이고 슬기에 네 마음을 모은다면, 그래, 네가 예지를 부르고 슬기를 향해 네 목소리를 높인다면, 네가 은을 구하듯 그것을 구하고 보물을 찾듯 그것을 찾는다면, 그때에 너는 주님 경외함을 깨닫고 하느님을 아는 지식을 찾아 얻으리라.
>
> 잠언 2,1-5

오늘의 묵상

오늘의 기도

오늘의 실천

자녀가 겪고 있을 어려움이 무엇일지 생각해 보세요. 자녀에게 힘과 용기를 달라고 주님께 간절히 청하세요.

♥

자연

우리는 자연 안에서
창조주 하느님을 만날 수 있습니다.
자녀와 함께 산과 바다로 나가 자연을 만드신
하느님의 섭리와 그 아름다움을 느껴 보세요.

Day ♥ 8

오늘의 말씀

하느님의 사랑이 우리 모두 안에 사실 것입니다. 하느님의 영은 우리 모두를 위한 하나의 생명이며, 우리 모두의 생명이자, 하느님의 생명입니다. 우리는 하느님께서 우리를 사랑하시고 또 당신을 사랑하시는 그 같은 사랑으로 서로 사랑하고 하느님을 사랑할 것입니다.

토마스 머튼, 《새 명상의 씨》

오늘의 묵상

오늘의 기도

오늘의 실천

자녀에게 영적 성장에 좋은 도서를 추천해 주세요. 도서를 함께 읽고, 좋았던 구절을 나누는 시간을 가져 보세요.

Day ♥ 9

오늘의 말씀

황량함은 두려움과 기대, 실패의 느낌에서 벗어나 하느님의 은총이 활동하시도록 허락하는 때, 곧 하느님을 신뢰하게 하는 성장의 때가 될 수 있다. 우리 사랑의 깊이는 사막과도 같은 황량함 속에서 시험을 받겠지만, 이를 통해 우리는 진정으로 하느님께 속하게 될 것이다.

일리아 델리오, 《주님과 함께하는 10일의 밤》

오늘의 묵상

오늘의 기도

오늘의 실천

자녀와 함께 우리 가족만이 가진 특별한 점은 무엇인지 이야기 나눠 보세요. 더욱 돈독한 가정이 될 수 있을 것입니다.

Day ♥ 10

오늘의 말씀

자녀들은 부모님과 노는 시간을 통해 사람들과 함께 있는 법을 배우고, 규범의 중요성과 타인을 존중하는 법을 배웁니다. 이로써 자녀들은 외부 현실, 곧 세상과 만나는 순간에 자신에게 도움이 될 자신감을 얻습니다.

프란치스코 교황, 《하느님과 다가올 세계》

오늘의 묵상

오늘의 기도

오늘의 실천

자녀와 이야기할 때 긍정적인 단어와 말투를 써 보세요. 무심코 하는 말이 자녀의 습관에 큰 영향을 줍니다.

Day ♥ 11

오늘의 말씀

무슨 일 때문에 마음이 산란해지는지, 품에 계속 주님을 안고 있는지 스스로 살펴보십시오. 어찌해야 할지 모르겠거든 차분히 마음을 모아 편안하게 가다듬으십시오. 그리고 자신이 성모님처럼 일한다고 상상해 보십시오. 성모님은 아기이신 주님의 손을 잡고, 주님을 업고 조용히 일하십니다.

프란치스코 살레시오 성인, 《가시 속의 장미》

오늘의 묵상

오늘의 기도

오늘의 실천

자녀와 함께 식사하면서 잠시 휴대폰을 멀리 두세요. 그리고 자녀가 하는 말에 집중하며 서로 더 알아 가는 시간을 가지세요.

Day ♥ 12

오늘의 말씀

우러러 당신 손가락이 만드신 저 하늘하며 굳건히 이룩하신 달과 별들을 보나이다. 인간이 무엇이기에 아니 잊으시나이까. 그 종락 무엇이기에 따듯이 돌보시나이까. 천사들보다는 못하게 만드셨어도 영광과 존귀의 관을 씌워 주셨나이다.

《시편과 아가》, 시편 8편

오늘의 묵상

오늘의 기도

오늘의 실천

자녀와 산행을 해 보세요. 평소에는 하지 못한 이야기를 나누면서 유대감을 쌓을 수 있습니다.

Day ♥ 13

> **오늘의 말씀**
>
> 나를 위하여 맡은 일 때문에 용기를 잃지 말고, 또 무슨 곤란한 일을 겪는다 해도 결코 실망하지 마라. 내가 허락한 모든 일에서 너를 견고케 하고 위로할 것이다. 나는 모든 저울과 모든 한계를 초과하여 넉넉하게 갚아 줄 수 있다.
>
> 토마스 아 켐피스, 《준주성범》

오늘의 묵상

오늘의 기도

> **오늘의 실천**
>
> 지친 자녀에게 좋아하는 노래를 공유해 주세요. 서로 좋아하는 노래는 무엇인지 들려주며 자녀를 더 이해하는 시간을 가지세요.

Day ♥ 14

오늘의 말씀

그의 빛을 우리 영 안에 주입해 주시고, 그분 사랑을 확인시켜 주시어 우리의 약함과 부족함을 알게 해 주신다. 이는 우리를 낙담시키시려는 것이 아니라 우리에게 그분의 무한한 자비에 우리 자신을 완전히 맡길 수 있는 용기를 주시기 위한 것이다.

토마스 키팅, 《침묵의 대화》

오늘의 묵상

오늘의 기도

오늘의 실천

위로자이신 주님을 자주 떠올리세요. 우리 가족을 모두 그분께 의탁하고 화목한 가정을 이루기 위한 은총을 청하세요.

♥
―
사랑

하느님께서는 우리가
이웃 사랑을 실천하길 바라십니다.
자녀와 함께 봉사활동을 하며
도움이 필요한 이웃에게 사랑을 나눠 보세요.

Day ♥ 15

오늘의 말씀

주님, 당신 대전에서 총애받기를 간절히 청하오니, 본성이 원하는 그 모든 것을 하나도 얻지 못한다 하더라도, 당신 '은총을 넉넉히 받았습니다.'(2코린 12,9 참조)라고 할 수 있으면 됩니다. 당신 은총만 제게 있으면, 시련을 겪고 곤란으로 괴로워도 두렵지 않습니다.

토마스 아 켐피스, 《준주성범》

오늘의 묵상

오늘의 기도

오늘의 실천

자녀가 꿈꾸는 미래는 어떤 모습인지 귀 기울여 들어 보세요. 미래를 위해 어떤 준비를 해야 할지 함께 이야기해 보세요.

Day ♥ 16

> 오늘의 말씀
>
> 보소서, 우리 방패, 하느님이여. 당신께 축성된 자의 얼굴을 살펴보소서. 실로 당신의 뜰 안에라면, 천 날보다 더 나은 하루, 악인들의 장막 안에 살기보다는, 차라리 하느님 집 문간에 있기 소원이니이다. 주 하느님이 태양이요 방패이시니 은총과 영광을 주께서 내리시고 티 없이 걷는 이에게는 좋은 것 아니 아끼시나이다.
>
> 《시편과 아가》, 시편 84편

오늘의 묵상

오늘의 기도

> 오늘의 실천
>
> 주님의 은총에 감사하는 저녁 기도로 하루를 마무리하세요. 온 가족이 함께 기도드리면 더욱 뜻깊은 시간이 될 것입니다.

Day ♥ 17

오늘의 말씀

십자가는 본래의 생명나무로 묘사됩니다. 그러므로 어느 나무 아래 서 있는 것, 나무에서 어머니 옆에 있듯이 안전함을 느끼고 동시에 나무에서 나오는 힘을 감지하는 것은 우리에게 도움이 됩니다. 그런 가운데 나무의 위안을 체험할 수 있지요.

안셀름 그륀, 《위안이 된다는 것》

오늘의 묵상

오늘의 기도

오늘의 실천

긍정적인 단어 열 개를 적으세요. 그중 한 단어를 오늘 자녀와 대화할 때 계속 사용해 보세요.

Day ♥ *18*

오늘의 말씀

우리는 하느님에게 부르심받고 있기 때문에 응답한다. 그분이 사랑의 숨결을 불어넣어 주시기 때문에 사랑을 열망한다. 우리가 아무리 청원해도 하느님이 주시는 은총을 좌우할 수는 없다. 다만 하느님에게서 어떠한 은총을 어떻게 받고 있는지를 헤아려 알 수 있을 뿐이다.

루이 에블리, 《사람에게 비는 하느님》

오늘의 묵상

오늘의 기도

오늘의 실천

자녀에게 먼저 다가가 자녀가 웃을 수 있게 해 주세요. 재미있는 이야기를 들려주거나, 칭찬을 해 주어도 좋습니다.

Day ♥ 19

오늘의 말씀

내가 진실로 너희에게 말한다. 누구든지 이 산더러 "들려서 저 바다에 빠져라." 하면서, 마음속으로 의심하지 않고 자기가 말하는 대로 이루어진다고 믿으면, 그대로 될 것이다. 그러므로 내가 너희에게 말한다. 너희가 기도하며 청하는 것이 무엇이든 그것을 이미 받은 줄로 믿어라. 그러면 너희에게 그대로 이루어질 것이다.

마르 11,23-24

오늘의 묵상

오늘의 기도

오늘의 실천

지금 자녀에게 필요한 은총이 무엇일지 생각해 보세요. 자녀가 그 은총을 받을 수 있도록 하느님께 기도드리세요.

Day ♥ 20

오늘의 말씀

고독은 하느님 안에서 우리 자신을 발견하는 데 필수적인 요소다. 고독은 혼자 외로이 있는 것이 아니라 하느님과 단둘이 있음을 뜻한다. 우리가 고독에 들어서기 위해서는, 조용하고도 부드러운 현존으로 오시는 하느님께 주의를 기울일 수 있도록 고요한 가운데 있어야 한다.

일리아 델리오, 《주님과 함께하는 10일의 밤》

오늘의 묵상

오늘의 기도

오늘의 실천

오늘의 독서 말씀을 자녀와 함께 읽어 보세요. 마음에 와닿는 구절에 관해 이야기해 보세요.

Day ♥ 21

> **오늘의 말씀**
>
> 야훼는 나의 목자, 아쉬울 것 없노라. 파아란 풀밭에 이 몸 누여 주시고, 고이 쉬라 물터로 나를 끌어 주시니 내 영혼 싱싱하게 생기 돋아라. 주께서 당신 이름 그 영광을 위하여, 곧은 살 지름길로 날 인도하셨어라. 죽음의 그늘진 골짜기를 간다 해도 당신 함께 계시오니, 무서울 것 없나이다.
>
> 《시편과 아가》, 시편 23편

오늘의 묵상

오늘의 기도

오늘의 실천

자녀의 수호성인께 자녀를 위한 기도를 전구하세요. 자녀가 수호성인을 본받을 수 있도록 기도드리세요.

♥
―
미사

이 세상 어떤 것보다 미사 한 대의 가치는 높습니다.
예수님의 희생과 구원을 묵상하며
자녀가 참된 신앙인으로 살아가도록 미사를 봉헌하세요.

Day ♥ 22

오늘의 말씀

하느님은 어디에나 계십니다. 햇빛과 그 온기가 우리 주위에 충만하듯 하느님의 진리와 사랑은 모든 것에 스며 있습니다. 그러나 햇빛이 혼자 힘으로는 아무것도 불사르지 않듯, 하느님도 그리스도 없이 초성적 지식과 체험만으로 우리의 영혼에 영향을 주시지 않습니다.

토마스 머튼, 《새 명상의 씨》

오늘의 묵상

오늘의 기도

오늘의 실천

자녀가 밝은 모습으로 성장할 수 있도록 다정하게 대하세요. 주님께 기쁨을 청하는 기도를 드리세요.

Day ♥ 23

오늘의 말씀

너희는 이렇게 말하면서 이스라엘 자손들에게 축복하여라. "주님께서 그대에게 복을 내리시고 그대를 지켜 주시리라. 주님께서 그대에게 당신 얼굴을 비추시고 그대에게 은혜를 베푸시리라. 주님께서 그대에게 당신 얼굴을 들어 보이시고 그대에게 평화를 베푸시리라."

민수 6,23-26

오늘의 묵상

오늘의 기도

오늘의 실천

가족이 모여 좌우명에 관해 이야기해 보세요. 각자 어떤 가치관을 가지고 살아가는지 대화를 나눠 보세요.

Day ♥ 24

오늘의 말씀

우리는 우리 자녀와 손주들이 건너갈 종교의 다리, 영적 다리, 인류의 다리를 건설하고 다가올 인류를 위한 기쁨의 길을 놓아야 합니다. 이렇게 우리는 힘을 내서 하느님께서 사랑이심을, 하느님께서 자비로운 분이시라는 사실을 세상에 드러낼 수 있을 것입니다.

프란치스코 교황, 《하느님과 다가올 세계》

오늘의 묵상

오늘의 기도

오늘의 실천

자녀와 함께 오늘 하루 있었던 일에 관해 써 보세요. 매 순간 자녀를 돌보아 주시는 주님 은총에 감사의 마음을 드리세요.

Day ♥ 25

오늘의 말씀

오소서, 예수님. 제 안에 당신을 모시기를 원합니다. 제 마음을 온통 당신 사랑으로 가득 채우고 싶습니다. 제 마음에 자리 잡았던 모든 즐거움과 욕망을 버리고 당신 사랑 앞에 무릎 꿇습니다. 저의 하느님, 당신을 사랑합니다.

알폰소 리구오리 성인, 《성체 조배》

오늘의 묵상

오늘의 기도

오늘의 실천

자녀와 어울리는 꽃은 무엇인지 생각해 보세요. 마음을 담아 자녀를 위한 꽃을 준비하여 선물해 주세요.

Day ♥ 26

오늘의 말씀

네가 너 자신을 살펴보면 이 같은 일 가운데 하나라도 네 힘으로 할 수 있는 것이 없다는 것을 알 것이다. 그러나 하느님께 간절히 구하면 하늘로부터 그런 용기가 내릴 것이며 세상과 육신이 네 앞에 무릎을 꿇을 것이다. 그리고 신앙의 무기로 무장하고 그리스도 십자가의 기만 들었다면 원수인 마귀도 두려울 것이 없을 것이다.

토마스 아 켐피스, 《준주성범》

오늘의 묵상

오늘의 기도

오늘의 실천

시간을 내어 성당에 가서 묵상하는 시간을 가져 보세요. 특히 자녀를 떠올리며 차분하게 주님께 감사의 기도를 드리세요.

Day ♥ 27

> **오늘의 말씀**
>
> 복되어라. 하느님을 두려워하고, 그 도를 닦는 자는. 수고의 열매를 먹고 살리니, 너는 복되고 모든 일이 잘되리라. 너의 집 안방에는 네 아내가, 마치도 열매 푸진 포도나무인 듯 너의 상 둘레에는 네 자식들이, 마치도 올리브의 햇순들 같도다.
>
> 《시편과 아가》, 시편 128편

오늘의 묵상

오늘의 기도

> **오늘의 실천**
>
> 성경 구절로 가훈을 정해 잘 보이는 곳에 붙여 보세요. 가족 모두 그 성경 구절대로 살아가기를 결심해 보세요.

Day ♥ 28

오늘의 말씀

선하신 하느님께서는 곤궁한 우리의 가장 낮은 데까지 내려오십니다. 우리의 영혼을 재촉하시어 생명 위로 데려가시고 은총과 덕행 안에서 빛나게 해 주십니다. 하느님의 선은 본성 속에서 가장 가까이 있으며, 은총 안에서 가장 빨리 움직입니다. 그 선이 곧 똑같은 은총이기 때문입니다.

노리치의 율리아나, 《사랑의 계시》

오늘의 묵상

오늘의 기도

오늘의 실천

믿음 안에서 느꼈던 행복을 자녀에게 이야기해 주세요. 신앙의 소중함을 일깨워 줄 것입니다.

♥
성경

하느님의 말씀은 큰 힘이 됩니다.
마음속에 품고 살아갈 구절을 찾아보고,
자녀와 함께 성경 말씀을 나누는 시간을 가져 보세요.

Day ♥ 29

오늘의 말씀

"얘야, 길 떠날 채비를 하고 너의 동포인 이 사람과 함께 가거라. 하늘에 계신 하느님께서 너희를 그곳까지 무사히 인도하시고, 너희를 건강한 몸으로 나에게 데려다 주시기를 빈다. 얘야, 또 그분의 천사께서 너희가 안전하도록 동행해 주시기를 빈다." 토비야는 길을 떠나려고 집을 나서면서 자기 아버지와 어머니에게 입을 맞추었다.

토빗 5,17

오늘의 묵상

오늘의 기도

오늘의 실천

내가 생각하는 하느님은 어떤 분인지 묵상해 보세요. 그리고 자녀가 생각하는 하느님은 어떤 분인지 이야기를 나눠 보세요.

Day ♥ 30

오늘의 말씀

모세는 시나이산 위 불타는 떨기 안에 계시는 주님을 만났습니다. 모세는 하느님을 하느님으로서 온전히 공경하였지만, 사람과 사람이 서로 얘기하듯이, 서슴없이 하느님께 말씀드렸습니다. 우리도 이렇게 기도해야 합니다. 하느님은 함께 이야기하실 수 있는 분이라는 사실을 깨닫고, 열린 마음으로 기도해야 합니다.

프란치스코 교황, 《프란치스코 교황이 초대하는 이달의 묵상: 기도》

오늘의 묵상

오늘의 기도

오늘의 실천

오늘 하루를 기도로 시작하세요. 잠들기 전에 주님께 내일을 더 현명하게 보낼 수 있는 지혜를 요청하세요.

Day ♥ 31

> **오늘의 말씀**
>
> 하느님께서 위로를 주시는 것은 사람이 역경을 잘 참아 나가는 데 필요한 용기를 주시기 위함이다. 위로가 있은 후에 유혹이 다시 찾아오는 것은 그가 자만하지 않도록 하기 위해서다. 마귀는 잠들지 않으며 네 육신은 아직 죽지 않았다. 네 좌우에는 원수가 쉬지 않고 너를 노리고 있으니, 싸울 준비를 그치지 마라.
>
> 토마스 아 켐피스, 《준주성범》

오늘의 묵상

오늘의 기도

> **오늘의 실천**
>
> 자녀의 웃음 소리를 떠올려 보세요. 어떤 순간에 함께 웃었는지 자녀와 함께 나누며 기쁨을 표현해 보세요.

Day ♥ 32

오늘의 말씀

하느님에게서 받은 은총의 힘은 마르지 않고 흐르는 물처럼 되어, 그들과 함께 사는 사람은 물론 멀리 있는 사람들과도 그것을 나누게 되는 것이다. 하느님은 그들을 통하여 인류에게 신성한 빛과 생명과 사랑을 부어 주신다.

토마스 키팅, 《침묵의 대화》

오늘의 묵상

오늘의 기도

오늘의 실천

자녀의 수호성인은 어떤 삶을 살았는지 들려주세요. 수호성인과 관련된 도서가 있다면 함께 읽어도 좋습니다.

Day ♥ 33

오늘의 말씀

우리는 나의 모든 것이 하느님께 달려 있다는 것을 깨달으면서 그분께 기도드린다. 만일 하느님의 은총이 없었다면 인간은 눈 한 번 깜빡일 수도 없고, 숨 한 번 쉴 수도 없을 것이다. 이 놀라운 은총에 감사하며 생명의 근원에 눈을 돌려 기도를 봉헌하는 것이다.

도미닉 그라시 · 조 파프로키, 《미사에 초대합니다》

오늘의 묵상

오늘의 기도

오늘의 실천

자녀가 성경 말씀을 소중히 여길 수 있도록 기도드리세요. 성경 말씀으로 희망과 용기를 얻고 살아갈 수 있을 것입니다.

Day ♥ 34

오늘의 말씀

하느님은 우리가 하느님을 사랑하지 않을 때도 우리를 사랑하신다. 우리가 사랑받을 만한 가치가 있기 때문에 사랑하시는 것이 아니다. 하느님이 지극히 다정하시고 참을성 있게 변함없이 사랑해 주시기에, 마침내 우리가 하느님의 사랑을 받을 만한 가치 있는 자가 되는 것이다.

루이 에블리, 《사람에게 비는 하느님》

오늘의 묵상

오늘의 기도

오늘의 실천

주님께 원하는 것을 청하기만 한 것은 아닌지 돌아보고, 주님께서 하시는 말씀에 귀 기울이는 시간을 가져 보세요.

Day ♥ 35

오늘의 말씀

우리 삶에 하느님의 현존을 일깨우기 위해, 우리는 "하느님은 누구신가? 나는 하느님을 어떻게 경험하는가?" 라고 질문해야 한다. 일단 하느님과 관련된 질문을 들여다보기 시작하면, 하느님 뜻의 깊이를 헤아리게 된다.

일리아 델리오, 《주님과 함께하는 10일의 밤》

오늘의 묵상

오늘의 기도

오늘의 실천

자녀에게 '사랑한다'는 표현을 넣어서 인사해 보세요. 자녀가 가족의 소중함을 느낄 수 있을 것입니다.

♥
―
쉼

하느님께서는 세상을 창조하시고
마지막 날에 쉬셨습니다.
안식일을 기억하며 자녀가 힘들 때 가정 안에서
충분히 쉴 수 있도록 도와주세요.

Day ♥ 36

오늘의 말씀

"두려워하지 마라, 나의 종 야곱아 내가 선택한 여수룬아. 내가 목마른 땅에 물을, 메마른 곳에 시냇물을 부어 주리라. 너의 후손들에게 나의 영을, 너의 새싹들에게 나의 복을 부어 주리라. 그들은 물길 사이의 풀처럼, 흐르는 물가의 버드나무처럼 솟아나리라."

이사 44,2-4

오늘의 묵상

오늘의 기도

오늘의 실천

자녀를 위한 아침 기도로 하루를 시작해 보세요. 특히 우리의 어머니이신 성모님께 자녀를 보살펴 달라고 전구하세요.

Day ♥ 37

오늘의 말씀

하느님께서는 당신 자녀들을 사랑하시며, 시련과 위로의 수많은 작품을 특별한 의지로 자녀들 안에서 완성해 내십니다. 잠시 이 의지를 숙고해 보십시오. 하느님의 다양한 위로뿐만 아니라 선 때문에 겪는 온갖 시련도 생각해 보십시오. 그러고는 하느님의 이 특별한 의지 전체를 지극한 겸손으로 받아들이고 찬미하며 찬양하십시오.

프란치스코 살레시오 성인, 《가시 속의 장미》

오늘의 묵상

오늘의 기도

오늘의 실천

자녀에게 "고마워."라고 말해 주세요. 자녀가 부모의 사랑을 더 깊이 느낄 수 있을 것입니다.

Day ♥ 38

오늘의 말씀

주님만 바라고 너는 선을 하라, 네 땅에 살면서 태평을 누리리라. 네 즐거움일랑 주님께 두라, 네 마음이 구하는 바를 당신이 주시리라. 네 앞길 주께 맡기고 그를 믿어라, 몸소 당신이 해 주시리라. 날빛처럼 네 의를 떠오르게 하시며, 대낮처럼 네 권리를 세워 주시리라.

《시편과 아가》, 시편 37편

오늘의 묵상

오늘의 기도

오늘의 실천

자녀가 마음을 열고, 삶에서 어려운 일이 생길 때 지혜를 발휘하며 살아갈 수 있도록 주님께 청하세요.

Day ♥ 39

오늘의 말씀

하기가 어렵고 마음에 들지 않는 일일수록 더욱 분발하려고 애쓰는 사람은 다른 사람보다 더 빨리 덕행으로 나아간다. 자신을 이기고 자신의 뜻을 굽히는 데에 탁월한 사람이 어려운 일들을 통해 더 큰 발전을 하고 더 큰 은총을 받기 때문이다.

토마스 아 켐피스, 《준주성범》

오늘의 묵상

오늘의 기도

오늘의 실천

자녀의 꿈을 현실적으로 바라보세요. 자녀가 꿈을 향해 한 단계씩 차근차근 나아갈 수 있도록 조언을 해 주세요.

Day ♥ 40

오늘의 말씀

그대가 받은 은혜를 깨달으면 감사한 마음이 들게 되어 겸손해집니다. 만일 하느님께서 그대에게 베푸신 은총을 생각하는데도 교만한 마음이 조금이라도 든다면, 그대가 하느님의 은총을 저버린 결점투성이의 나약한 인간임을 성찰하는 것이 가장 좋은 치료제가 될 것입니다.

프란치스코 살레시오 성인, 《신심 생활 입문》

오늘의 묵상

오늘의 기도

오늘의 실천

가족이 함께 읽을 책 한 권을 정해 보세요. 하루 중 잠깐의 독서가 자녀의 앞날에 큰 힘이 되어 줄 것입니다.

Day ♥ 41

오늘의 말씀

그리스도인의 기도는 하느님의 부르심을 상기하는 일, 즉 우리를 위한 하느님의 계획, 하느님의 제안에 동의함을 의미한다. 다시 말하자면 그리스도인의 기도는 전부 감사의 행위인 것이다. 당신이 하느님에게 받은 선물을 알기만 한다면 기도가 감사의 행위라는 것을 깨달을 수 있을 것이다.

루이 에블리, 《사람에게 비는 하느님》

오늘의 묵상

오늘의 기도

오늘의 실천

자녀에게 건강한 생활 습관을 알려 주세요. 자녀와 함께 건강하게 지낼 수 있는 방법을 나누어 보세요.

Day ♥ 42

오늘의 말씀

하느님이 주신 선물인 자녀들은 우리에게 자신을 내어 주는 또 다른 길을 제시합니다. 이는 우리의 돈과 시간, 관심, 아침과 저녁을 내어 주는 길입니다. 부모의 관점에서 말하자면, 부모는 날마다 자녀들과 함께 시간을 보내며 함께 놀고 이야기를 들으며 위로하고 안전하게 보호하며 힘을 북돋아주는 법을 배우는 것입니다.

프란치스코 교황, 《프란치스코 교황이 초대하는 이달의 묵상: 가족》

오늘의 묵상

오늘의 기도

오늘의 실천

자녀가 잘못을 저질렀다면 뉘우칠 수 있도록 타일러 주세요. 가능하다면 시간을 내어 고해성사를 드리도록 이끌어 주세요.

♥

식사

예수님께서는 많은 사람과 음식을 먹으며
함께 시간을 보내셨습니다.
예수님의 모습을 본받아 자녀와 식사하며
대화하는 시간을 가져 보세요.

Day ♥ 43

오늘의 말씀

누가 네 편에 서 있든 반대편에 서 있든 걱정하지 말고, 네가 하는 모든 일에 하느님께서 너와 함께 계시도록 힘써 행하라. 너의 좋은 양심을 보존하라. 그러면 하느님께서 너를 보호하실 것이다. 만일 네가 침묵 속에 고통을 참을 줄 안다면 분명히 주님께서 도우실 것이다.

토마스 아 켐피스, 《준주성범》

오늘의 묵상

오늘의 기도

오늘의 실천

자녀의 축일이 언제인지 달력을 보며 확인해 보세요. 그리고 자녀를 위한 영적 선물을 준비해 보세요.

Day ♥ 44

오늘의 말씀

성모님은 누구를 바라보시나요? 우리 모두를, 한 사람 한 사람을 바라보십니다. 그분은 따뜻한 어머니처럼 상냥함과 자비와 사랑이 넘치는 시선으로 우리를 바라보십니다. 그러니 우리가 각자 자신의 문제들로 지치고, 낙담하고, 짓눌릴 때면 성모님을 바라봅시다.

프란치스코 교황, 《프란치스코 교황이 초대하는 이달의 묵상: 성모 마리아》

오늘의 묵상

오늘의 기도

오늘의 실천

자녀의 취미 활동을 함께해 보세요. 자녀에게 배우는 특별한 경험을 통해 자녀와 더욱 가까워질 수 있을 것입니다.

Day ♥ 45

오늘의 말씀

당신 이름 괴는 자에게 늘 하시듯, 내게도 돌이켜서 자비를 베푸소서. 당신의 말씀으로 내 발걸음 이끄시어, 어느 악도 내 안에서 못 이기게 하소서. 사람들 압박에서 나를 구하소서, 이에 나는 당신 영을 받드리이다.

《시편과 아가》, 시편 119편

오늘의 묵상

오늘의 기도

오늘의 실천

자녀와 외식을 하거나, 자녀가 좋아하는 맛있는 음식을 만들어 즐겁게 식사하는 자리를 가지세요.

Day ♥ 46

오늘의 말씀

하느님께서는 여러 가지 길을 통해 우리를 그분께로 이끄십니다. 때로 그분께서는 우리에게 안 보이게 숨어 계시지만, 믿음만은 필요할 때 우리를 저버리지 않고 우리를 지탱해 주고 하느님에 대한 전폭적인 신뢰의 기초가 되어 줍니다.

부활의 로랑, 《하느님의 현존 연습》

오늘의 묵상

오늘의 기도

오늘의 실천

자녀의 소중함을 떠올려 보세요. 사랑의 마음을 담아 자녀를 위한 화살기도를 주님께 바치세요.

Day ♥ 47

오늘의 말씀

우리가 혼자 있으면 있을수록 우리는 더 함께 있게 됩니다. 그리고 도시와 군중이 아닌 진정한 사랑의 교제 안에 있으면 있을수록 그분과 더 홀로 있게 됩니다. 나의 영혼과 상대방의 영혼 안에서 나는 우리의 생명이신 같은 그리스도를 찾고 그분은 우리의 사랑 안에서 당신을 발견하십니다. 우리는 다 함께 낙원을 찾습니다.

토마스 머튼, 《새 명상의 씨》

오늘의 묵상

오늘의 기도

오늘의 실천

자녀를 사랑하는 마음을 담아 선행을 실천하세요. 집 주변을 깨끗이 치우는 시간을 가져 보세요.

Day ♥ 48

> 오늘의 말씀
>
> "저의 조상 아브라함과 이사악을 당신 앞에서 살아가게 하신 하느님, 제가 사는 동안 지금까지 늘 저의 목자가 되어 주신 하느님, 저를 모든 불행에서 구해 주신 천사께서는 이 아이들에게 복을 내려 주소서. 나의 이름과 내 조상 아브라함과 이사악의 이름이 이 아이들에게 살아 있으리라. 또한 이들이 세상에서 크게 불어나리라."
>
> 창세 48,15-16

오늘의 묵상

오늘의 기도

오늘의 실천

자녀와 함께 성당에 가서 미사에 참례하거나 기도드리세요. 우리 가족을 사랑하시는 하느님께 감사드리세요.

Day ♥ 49

오늘의 말씀

주께서 너를 두고 천사들을 명하시어, 너 가는 길마다 지키게 하셨으니 행여 너 돌부리에 발을 다칠세라, 천사들이 손으로 널 떠받고 가리라. 너 살모사와 독사 위를 걸어 다니고, 사자와 이무기를 짓밟으리라. 나는 내게 숨어드는 자를 구하여 주고, 내 이름을 받들기에 그를 감싸 주리라.

《시편과 아가》, 시편 91편

오늘의 묵상

오늘의 기도

오늘의 실천

자녀의 장래 희망에 관해 이야기 나눠 보세요. 자녀가 꿈을 이루려면 어떻게 해야 할지 마음을 열고 대화해 보세요.

♥
—

감사

우리 일상에는 감사할 일이 가득합니다.
자녀와 함께 감사한 일을 떠올리며
적어 보고 이야기 나누세요.
하느님의 무한하신 사랑에 감사드리세요.

Day ♥ 50

오늘의 말씀

성모님은 어머니로서 예수님을 가장 먼저 사랑하셨습니다. 성모님, 저를 도와주시어 늘 당신처럼 살도록 도와주소서. 그리고 당신과 똑같이 하느님 안에서 행복을 누리게 하소서. 저의 희망이신 성모님, 저를 도와주소서.

알폰소 리구오리 성인, 《성체 조배》

오늘의 묵상

오늘의 기도

오늘의 실천

일상 속에 성모님이 함께하시는 순간을 떠올려 보세요. 성모님께 감사 기도를 하며 묵주 기도를 바치세요.

Day ♥ 51

오늘의 말씀

매일 우리의 뜻한 바를 새롭게 하고 열정을 가지며, 다음과 같이 하느님께 기도해야 할 것이다. "주 하느님, 제 뜻한 바를 행하고 당신을 섬기는 이 거룩한 일을 잘할 수 있도록 저를 도와주소서. 또 제가 오늘까지 한 것은 아무것도 아니오니, 오늘 이제 완전히 시작하는 은혜를 주소서."

토마스 아 켐피스, 《준주성범》

오늘의 묵상

오늘의 기도

오늘의 실천

자녀만이 가진 특별한 강점을 언급해 주세요. 자녀가 자신감을 가질 수 있게 이끌어 주세요.

Day ♥ 52

오늘의 말씀

우리가 고독에 빠져들 때 자신의 힘이나 능력에만 의존해서는 안 된다. 한계와 나약함을 딛고 풍성한 수확의 가능성을 위해 시도하라고, 깊은 곳으로 가라고 끊임없이 권하는 목소리에 귀 기울여야 한다. 그 말을 신뢰하고 깊은 유대감을 느낀다면 고독은 고립이 아니라 은총이 된다.

루이지 마리아 에피코코, 《깊은 곳의 빛》

오늘의 묵상

오늘의 기도

오늘의 실천

자녀와 함께 작은 화분을 키워 보세요. 씨앗을 심고 열매를 얻기까지 소중한 경험을 선물해 주세요.

Day ♥ 53

오늘의 말씀

여러분 가운데에 누구든지 지혜가 모자라면 하느님께 청하십시오. 하느님은 모든 사람에게 너그럽게 베푸시고 나무라지 않으시는 분이십니다. 그러면 받을 것입니다. 그러나 결코 의심하는 일 없이 믿음을 가지고 청해야 합니다. 의심하는 사람은 바람에 밀려 출렁이는 바다 물결과 같습니다.

야고 1,5-6

오늘의 묵상

오늘의 기도

오늘의 실천

자녀와 함께 집안일을 하며 협력과 배려의 중요성을 알려 주세요. 가정 안에서 유대감을 쌓을 수 있을 것입니다.

Day ♥ 54

오늘의 말씀

주께서 예루살렘 이룩하시다. 흩어졌던 이스라엘 모아 주시다. 부서진 마음들을 낫게 하시고, 그 상처 동여서 매어 주시다. 별들의 수효를 세어 두시고, 저마다의 이름을 부르시도다. 크오셔라 우리 주님, 그 힘은 능하시고, 그 지혜로우심은 헤아릴 길 없어라.

《시편과 아가》, 시편 147편

오늘의 묵상

오늘의 기도

오늘의 실천

자녀가 지금 풍랑을 지나고 있다는 생각이 든다면, 잘 이겨 낼 수 있도록 주님께 기도드리세요.

Day ♥ 55

오늘의 말씀

당신께서 보호해 주지 않으시면 어떤 용기도 남아 있지 않을 것입니다. 당신의 보호가 없으면 아무런 위험 없이 정덕을 닦아 나갈 수도 없을 것입니다. 당신께서 거룩히 보살펴 주지 않으시면 저희가 아무리 애써 지킨다 해도 그 모든 것은 무익할 뿐입니다.

토마스 아 켐피스, 《준주성범》

오늘의 묵상

오늘의 기도

오늘의 실천

자녀가 좋아하는 영화를 함께 관람하는 시간을 가져 보세요. 자녀의 취향을 더 잘 이해할 수 있을 것입니다.

Day ♥ 56

오늘의 말씀

그대가 진정으로 하느님을 사랑한다면, 가족이나 친구들과의 대화 중에도 자주 하느님에 대한 이야기를 꺼내십시오. 꿀벌이 작은 입으로 꿀 이외의 것은 거들떠보지 않듯이, 그대가 끊임없이 혀로 하느님의 거룩한 이름을 부르고 입술로 하느님의 거룩하심을 찬미하는 노래를 부른다면, 그보다 더 큰 행복이 없음을 깨닫게 될 것입니다.

프란치스코 살레시오 성인, 《신심 생활 입문》

오늘의 묵상

오늘의 기도

오늘의 실천

하느님께서 주신 사랑이 무엇인지 천천히 생각해 보세요. 자녀에게 그 사랑을 표현해 보세요.

♥
―
하느님을 닮은 사람

우리는 모두
하느님의 모습으로 창조되었습니다.
자녀에게서 그 흔적을 찾아보세요.
어떤 점이 닮았는지 알려 주고 격려해 주세요.

Day ♥ 57

오늘의 말씀

내가 하느님의 모습대로 만들어졌다고 말하는 것은 하느님은 사랑이시기 때문에 사랑은 나의 존재 이유라고 말하는 것입니다. 사랑이 나의 진정한 신분입니다. 사심 없음이 나의 진정한 자아입니다. 사랑이 나의 진정한 인격입니다. 사랑이 나의 이름입니다.

토마스 머튼, 《새 명상의 씨》

오늘의 묵상

오늘의 기도

오늘의 실천

가족 모두가 좋아하는 명소나 풍경이 아름다운 장소를 둘러보세요. 함께 다양한 활동을 하며 추억을 만들어 보세요.

Day ♥ 58

오늘의 말씀

하느님은 은총을 베푸실 때에 우리에게 직접 주십니다. 우리가 문을 두드릴 때에 언제나 기꺼이 문을 여시고, 반갑게 맞아 끌어안으십니다. 하느님이 우리와 만나기를 간절히 바라시고 우리를 두 팔로 끌어안아 맞아들이신다면 우리가 찾는 용기도 주시지 않겠습니까?

프란치스코 교황, 《프란치스코 교황이 초대하는 이달의 묵상: 기도》

오늘의 묵상

오늘의 기도

오늘의 실천

자녀와 함께 프란치스코 교황님의 책을 읽어 보세요. 교황님의 강론을 인터넷에서 찾아 읽어도 좋습니다. 함께 읽고 대화를 나눠 보세요.

Day ♥ 59

오늘의 말씀

우리는 주님의 귀중한 은혜를 겸손하게 받아야 합니다. 그 은혜가 소중한 이유는 아기가 귀여워 입에 사탕을 물려 주는 어머니처럼 하느님께서 우리 마음에 주시는 것이기 때문입니다. 우리가 하느님의 은혜를 깊이 생각한다면 그 은혜의 단맛보다 하느님의 자애로우심에 감사드려야 할 것입니다.

프란치스코 살레시오 성인, 《신심 생활 입문》

오늘의 묵상

오늘의 기도

오늘의 실천

가족 모임을 가져 보세요. 평화로운 분위기를 만들 수 있도록 대화하며 서로 마음을 터놓도록 하세요.

Day ♥ 60

오늘의 말씀

지금 조금만 수고하면 많이 쉬게 될 것이다. 아니, 영원한 즐거움을 누릴 것이다. 네가 끊임없이 행실에 충실하면, 하느님은 의심 없이, 성실히, 또 후하게 네게 갚으실 것이다. 게을러지거나 교만해지지 않음으로써 구원을 얻겠다는 희망을 가지더라도 자만하지 마라.

토마스 아 켐피스, 《준주성범》

오늘의 묵상

오늘의 기도

오늘의 실천

자녀와 함께 박물관이나 전시회에 방문해 보세요. 새로운 문화를 체험하면서 소중한 추억을 만들어 보세요.

Day ♥ 61

오늘의 말씀

주께서 이 몸을 돕지 않으신다면, 어느덧 내 영혼은 "침묵" 속에 살았을 것을, "다리가 휘뚝거린다" 생각이 들 때, 주여, 당신 은총이 나를 붙들어 주나이다. 마음속에 걱정이 거듭 쌓일 때, 당신의 위로가 내 영혼을 기쁘게 하나이다.

《시편과 아가》, 시편 94편

오늘의 묵상

오늘의 기도

오늘의 실천

자녀가 걱정을 덜어 낼 수 있기를 바라며 주님의 기도를 바치고 주님께 도움을 청하세요.

Day ♥ 62

오늘의 말씀

우리는 하느님의 모상으로서 모든 피조물을 돌보고 존중하며, 우리 형제자매들, 특히 가장 약한 이들에게 사랑과 연민의 마음을 지니고 살라고 부르심받았습니다. 우리를 구원하기 위해 스스로 인간이 되신 하느님의 아들 예수 그리스도께서 보여 주신 우리를 위한 하느님 사랑을 본받아서 말입니다.

프란치스코 교황, 《하느님과 다가올 세계》

오늘의 묵상

오늘의 기도

오늘의 실천

어려움을 겪는 이들을 위해 자녀와 함께 기부하거나 봉사 활동을 하며 이웃 사랑을 실천해 보세요.

Day ♥ 63

오늘의 말씀

주님께서는 지혜를 주시고 그분 입에서는 지식과 슬기가 나온다. 그분께서는 올곧은 이들에게 주실 도움을 간직하고 계시며 결백하게 걸어가는 이들에게 방패가 되어 주신다. 그분께서는 공정의 길을 지켜 주시고 당신께 충실한 이들의 앞길을 보살피신다.

잠언 2,6-8

오늘의 묵상

오늘의 기도

오늘의 실천

자녀와 함께 기쁨과 슬픔에 대한 감정을 이야기해 보세요. 자녀가 기쁘거나 슬플 때 하느님께 기도드릴 수 있도록 이끌어 주세요.

♥

묵주 기도

묵주 기도는 풍성한 은총을 내리는 기도입니다.
환희 · 고통 · 영광 · 빛, 네 가지 신비를 묵상하며
자녀를 위해 성모님께 전구를 청해 보세요.

Day ♥ 64

오늘의 말씀

주님을 찾았더니 나를 들어 주시고, 온갖 무서움에서 나를 건져 주셨도다. 우러러 주님을 보라, 기꺼우리라, 너희 얼굴, 부끄럼이 있을 리 없으리라. 보라, 가엾은 이 부르짖음을 주께서 들으시고, 그 모든 근심 걱정을 씻어 주셨도다.

《시편과 아가》, 시편 34편

오늘의 묵상

오늘의 기도

오늘의 실천

자녀가 신앙의 기쁨을 느끼고 있는지 생각해 보세요. 신앙생활 중 위안을 받았던 순간을 들려주어도 좋습니다.

Day ♥ 65

오늘의 말씀

사람이 피신할 수 있는 조용하고 어두운 교회가 항상 있었으면 좋겠습니다. 조용한 가운데에 사람들이 무릎을 꿇을 수 있는 장소, 하느님의 현존으로 가득 찬 하느님의 집. 기도할 줄은 모르더라도 그들은 거기에서 적어도 가만히 있을 수 있고 숨을 편히 쉴 수 있습니다.

토마스 머튼, 《새 명상의 씨》

오늘의 묵상

오늘의 기도

오늘의 실천

오늘 자녀가 준 사랑을 생각해 보고, 먼저 다가가 자녀에게 고마운 마음을 전해 보세요.

Day ♥ 66

오늘의 말씀

누구든지 순수하고 정직한 마음으로 자기의 지향을 하느님께 향하게 하고, 절제 없는 사랑이나 피조물에 대한 모든 불만을 끊어 버린다면 은총과 신심의 은혜를 받기에 합당한 사람이 될 것이다. 그릇이 비면 하느님께서 당신 강복으로 채우실 것이다.

토마스 아 켐피스, 《준주성범》

오늘의 묵상

오늘의 기도

오늘의 실천

자녀의 강점이 담긴 별명을 이름 대신 불러 보세요. 자녀와 더욱 가까워질 수 있을 것입니다.

Day ♥ 67

오늘의 말씀

하느님의 뜻을 알기 위한 질문은 '해야 할 것', '하지 말아야 할 것'에 관한 게 아니라 내가 사랑 속에서 자유로이 살고 있는지, 그리고 이 사랑 안에서 주어진 자유가 나로 하여금 하느님을 닮은 모습으로 살게 하는지에 관한 것이다.

일리아 델리오, 《주님과 함께하는 10일의 밤》

오늘의 묵상

오늘의 기도

오늘의 실천

가장 좋아하는 가톨릭 성가를 자녀와 함께 불러 보세요. 가사의 의미를 되새기며 기도하는 마음으로 부르세요.

Day ♥ 68

오늘의 말씀

자녀 여러분, 말과 혀로 사랑하지 말고 행동으로 진리 안에서 사랑합시다. 이로써 우리가 진리에 속해 있음을 알게 되고, 또 그분 앞에서 마음을 편히 가질 수 있을 것입니다. 마음이 우리를 단죄하더라도 그렇습니다. 하느님께서는 우리의 마음보다 크시고 또 모든 것을 아시기 때문입니다.

1요한 3,18-20

오늘의 묵상

오늘의 기도

오늘의 실천

기도하는 모습을 자녀에게 자주 보여 주세요. 기도의 중요성을 자녀가 스스로 깨달을 것입니다.

Day ♥ 69

오늘의 말씀

영원한 날이 시작되는 이 새벽은 얼마나 아름답습니까! 성모님을 사랑하는 이들에게 감미롭게 퍼져 나가는 영원한 향기로 언제나 저희 마음을 가득 채워 주소서. 저희도 언제나 성모님께 충실한 영혼들을 위하여 마련된 복을 누리며 기뻐하게 하소서.

프란치스코 살레시오 성인, 《가시 속의 장미》

오늘의 묵상

오늘의 기도

오늘의 실천

사랑하는 자녀를 위해 성모송을 바치세요. 성모님의 사랑을 느끼며 하루를 시작해 보세요.

Day ♥ 70

오늘의 말씀

주님, 제 마음에 오시어 그 어떠한 것도 마음속에 들어오지 못하도록 문을 걸어 잠가 주십시오. 세상의 그 어떤 것도 당신만을 바라는 이 사랑을 깨트리지 않게 하십시오. 그리하여 제가 온전히 당신 차지가 되게 해 주십시오.

알폰소 리구오리 성인, 《성체 조배》

오늘의 묵상

오늘의 기도

오늘의 실천

자녀와 이야기를 나눌 때 부드럽게 말해 보세요. 무심코 하는 말이 자녀에게 큰 영향을 미칠 수 있습니다.

♥

찬양

하느님을 향한 노래는 큰 위로를 줍니다.
좋아하는 성가의 가사를 마음에 새기며
자녀와 함께 불러 보세요.
그분의 사랑 안에서 서로에게 힘이 되어 주세요.

Day ♥ 71

오늘의 말씀

살면서 누군가에게 도움의 손길을 한 번 내밀 때 그 백배로 되돌려 받는 무수한 은총을 얼마나 자주 발견해 왔습니까? 우리는 다른 사람들에게서 매우 많은 것을 배우고 있습니다. 비록 상처를 입게 되더라도 다른 사람들에게 자신을 열어젖힐 때 그리스도께서 더 밝은 빛을 비추어 주십니다.

프란치스코 교황, 《프란치스코 교황이 초대하는 이달의 묵상: 섬김》

오늘의 묵상

오늘의 기도

오늘의 실천

평소 자녀를 어떤 표정으로 대했는지 돌아보세요. 자녀에게 온화한 미소와 애정 어린 눈빛을 보내 주세요.

Day ♥ 72

오늘의 말씀

제 의지를 바치오니 당신 사랑의 부드러운 사슬로 굳게 매어 언제나 거룩한 당신 뜻을 따라 살게 하십시오. 저는 이제 제 뜻보다는 오로지 당신 선의를 따라 살기를 원합니다. 그러니 주님을 기쁘게 해 드릴 수 없는 것은 없애 주시어, 당신의 말씀 외에는 어떤 것도 바라지 않는 은총을 허락해 주십시오.

알폰소 리구오리 성인, 《성체 조배》

오늘의 묵상

오늘의 기도

오늘의 실천

자녀의 가장 큰 걱정거리가 무엇인지 들어 보세요. 그 걱정을 내려놓을 수 있도록 주님께 기도드리세요.

Day ♥ 73

오늘의 말씀

새로운 노래 불러 찬미하며, 풍류 소리 드높이 고운 가락 내어라. 주님의 말씀이 옳으시도다, 그 하신 일마다 진실하도다. 주님은 정의와 공정을 즐기시고, 그 사랑은 땅에 가득하도다. 야훼님의 말씀으로 하늘은 만들어졌고, 만상도 당신 입김으로 이루어졌도다.

《시편과 아가》, 시편 33편

오늘의 묵상

오늘의 기도

오늘의 실천

이번 주말 자녀와 할 일을 계획해 보세요. 맛있는 음식을 먹거나 영화를 보는 것도 좋습니다.

Day ♥ 74

오늘의 말씀

은총이 오는 그때에 네가 즐거운 마음과 독실한 마음을 지니고 있다면 그 얼마나 좋겠는가? 이런 좋은 시간을 누구나 다 원한다. 하느님의 은총이 지켜 주는 사람은 참으로 편하고 유쾌하게 말을 타고 여행하는 것과 같다. 전능하신 분의 손이 그를 붙들고, 가장 훌륭한 안내자가 그를 이끄시지 않은가!

토마스 아 켐피스, 《준주성범》

오늘의 묵상

오늘의 기도

오늘의 실천

자녀를 위해 묵상하고 싶은 구절을 잘 보이는 곳에 적어 두세요. 수시로 묵상하며 주님의 은총을 청하세요.

Day ♥ 75

오늘의 말씀

기도를 통해 우리는 참된 자아, 곧 하느님께서 바라시는 대로 창조하신 우리 자신을 발견하게 되는 것이다. 이 자아는 하느님의 말씀이며, 하느님의 자기 표현이다. 우리가 삶으로 하느님을 '말할 수' 있게 될 때, 말씀은 우리 삶을 비춘다.

일리아 델리오, 《주님과 함께하는 10일의 밤》

오늘의 묵상

오늘의 기도

오늘의 실천

사랑하는 자녀를 칭찬해 주세요. 일상을 소중히 여기는 마음으로 주님께 감사 기도를 드리세요.

Day ♥ 76

오늘의 말씀

우리가 갖고 있는 모든 것은 하느님께서 우리에게 빌려 주신 것에 불과하다. 본질적으로 선이란, 하느님 이외에 다른 것이 아니기 때문이다. 하느님께서는 활동하신다. 그리고 모든 선한 행위는 하느님께로부터 비롯되며, 하느님께로 귀결한다.

십자가의 요한 성인, 《십자가의 성 요한 영적 권고》

오늘의 묵상

오늘의 기도

오늘의 실천

자녀가 좋아하는 영화에 관해 물어보세요. 편안한 분위기에서 함께 영화를 보는 시간을 마련해 보세요.

Day ♥ 77

오늘의 말씀

"말씀하신 그대로 당신 백성 이스라엘에게 안식을 주신 주님께서는 찬미받으소서. 주님께서는 당신의 종 모세를 통하여 말씀하신 좋은 것을 하나도 빠뜨리지 않으셨소. 주 우리 하느님께서 우리 조상들과 함께 계시던 것처럼, 우리와도 함께 계셔 주시기를 빕니다. 우리를 떠나지도 버리지도 않으시기를 빕니다."

1열왕 8,56-57

오늘의 묵상

오늘의 기도

오늘의 실천

가족과 사진첩을 보며 대화해 보세요. 자녀의 어린 시절 사진을 함께 보며 행복했던 순간을 들려주세요.

♥

축복

하느님은 우리에게 많은 축복을 내려주십니다.
하느님께 축복을 청하는 성경 구절을
잘 보이는 곳에 붙여 두세요.
자녀가 하느님의 축복을 늘 기억할 수 있게 해 주세요.

Day ♥ 78

오늘의 말씀

수천 군중이 나를 거슬러 에워쌀지라도 나는 무서워함이 없으리이다. 야훼님, 일어나소서 내 하느님, 구하여 주소서. 하고많은 내 원수의 뺨을 후려갈기셨고 악인들의 이빨을 부수시었나이다. 구원은 오직 야훼님께 있사오니 당신의 백성 위에 복을 내려 주소서.

《시편과 아가》, 시편 3편

오늘의 묵상

오늘의 기도

오늘의 실천

자녀와 함께 자녀의 방을 정리해 보세요. 정리하는 동안 자녀와 다양한 대화를 나눠 보세요.

Day ♥ 79

오늘의 말씀

무슨 일을 하든 모든 사람을 기쁘게 하려고 애쓰는 나처럼 하십시오. 나는 많은 사람이 구원을 받을 수 있도록, 내가 아니라 그들에게 유익한 것을 찾습니다. 내가 그리스도를 본받는 것처럼 여러분도 나를 본받는 사람이 되십시오.

1코린 10,33-11,1

오늘의 묵상

오늘의 기도

오늘의 실천

가족 간에 역할을 바꾸어 대화해 보세요. 서로의 입장을 더 잘 이해하는 시간을 보낼 수 있을 것입니다.

Day ♥ 80

오늘의 말씀

너는 너 자신을 신뢰하지 말고 하느님만을 신뢰하여라. 또한 네가 할 수 있는 것만 해라. 그러면 하느님께서 너의 좋은 지향을 헤아리시고 너를 도우실 것이다. 너는 네 지식도 믿지 말고 어떠한 현세의 기술도 믿지 말고, 오직 하느님의 은총에만 의지해야 한다. 하느님께서는 겸손한 사람을 도우시고, 스스로를 믿는 사람을 낮추시기 때문이다.

토마스 아 켐피스, 《준주성범》

오늘의 묵상

오늘의 기도

오늘의 실천

자녀에게 가장 소중한 것이 무엇인지 물어보세요. 서로의 소중한 것을 공유하는 시간을 가져 보세요.

Day ♥ 81

오늘의 말씀

내가 너를 빚어 만들었다. 너는 나의 종이다. 이스라엘아, 나는 너를 잊지 않으리라. 내가 너의 악행들을 구름처럼, 너의 죄악들을 안개처럼 쓸어버렸다. 나에게 돌아오너라. 내가 너를 구원하였다. 주님께서 이 일을 이루셨으니, 하늘아, 환성을 올려라. 땅속 깊은 곳들아, 함성을 질러라.

이사 44,21-23

오늘의 묵상

오늘의 기도

오늘의 실천

자녀와 함께 우리 집 가훈의 의미에 관해 이야기해 보세요. 가훈대로 살아가려면 어떻게 해야 좋을지 나누어 보세요.

Day ♥ 82

오늘의 말씀

주님의 사랑은 결코 겸손과 온유함에서 멀어지지 않습니다. 겸손과 온유함은 주님의 사랑에서 나옵니다. 그러니 영혼에 온갖 결점이 있다 해서 스스로 놀라거나 화내지 마십시오. 그것이 늘 고백해 온 것이라 해도 말입니다.

프란치스코 살레시오 성인, 《가시 속의 장미》

오늘의 묵상

오늘의 기도

오늘의 실천

자녀가 생각하는 자신의 장단점은 무엇인지 물어보세요. 장단점을 종이에 적으며 자녀의 말에 경청해 보세요.

Day ♥ 83

오늘의 말씀

우리 마음의 가장 깊숙하고 중요한 지점까지 도달하려면 오직 침묵을 통해야 한다. 그 내면의 문에 들어선 사람들은 어떤 상황에서도 자유롭고 어떤 시련에도 용기 있게 맞설 것이다. 내적으로 자유로운 사람들은 온유함을 보여준다.

루이지 마리아 에피코코, 《깊은 곳의 빛》

오늘의 묵상

오늘의 기도

오늘의 실천

자녀와 함께 천천히 걸으며 자연의 소리에 집중해 보세요. 이 과정에서 서로의 생각과 감정을 나눠 보세요.

Day ♥ 84

오늘의 말씀

이제 나는 내가 사랑하고 믿고 존경하는 사람들에게 기대고 있는 사람이다. 때때로 나는 그저 아이들을 웃기려고 일부러 힘주어 기댄다. 어쩌다 내가 영성체를 가장 먼저 하고 돌아오면 다가오는 아이들을 지켜본다. 창문으로 쏟아져 들어오는 떨리는 햇빛을 받으며 우아하게 다가오는 그들을.

브라이언 도일, 《찬란한 존재들》

오늘의 묵상

오늘의 기도

오늘의 실천

대화를 통해 자녀의 긍정적인 부분을 발견하고 격려해 주세요. 자녀가 가족과의 대화를 즐겁게 느낄 수 있도록 자주 웃어 주세요.

♥
―

순례

순교자의 삶을 기억할 때
하느님을 더 많이 사랑하게 됩니다.
자녀와 함께 순례 길을 걸으며
굳은 믿음을 가져 보세요.

Day ♥ 85

오늘의 말씀

그대에게는 십자가에 못 박히신 그리스도만으로 충분하기에, 다른 아무것도 필요치 않다. 그리스도와 함께 고통받고 그리스도와 함께 쉬어라. 그리스도 없는 고통이나 쉼을 찾지 마라. 그리하려면 온갖 외적인 것에서 애착을 끊어 버리고, 내적으로는 자신을 온통 비워야 한다.

십자가의 요한 성인, 《십자가의 성 요한 영적 권고》

오늘의 묵상

오늘의 기도

오늘의 실천

예수님 안에서 조용히 휴식 시간을 가져 보세요. 온전한 쉼을 주신 주님께 감사드리세요.

Day ♥ 86

오늘의 말씀

주님께서 복을 내리시어 당신을 위로해 주시고, 이를 주님의 기쁨으로 삼으시도록 간청하십시오. 영혼이 주님의 거룩한 사랑으로, 그분 성심의 거룩한 겸손과 온유함으로 흘러넘치게 해 주시도록 간청하십시오. 주님의 사랑은 결코 겸손과 온유함에서 멀어지지 않습니다.

프란치스코 살레시오 성인, 《가시 속의 장미》

오늘의 묵상

오늘의 기도

오늘의 실천

주님께서 베푸신 은총에 감사하며 자녀에게 응원의 말을 건네 보세요. 자녀가 기댈 수 있는 분위기를 만들어 주세요.

Day ♥ 87

오늘의 말씀

우리는 가정에서 물건의 올바른 사용, 질서, 청결, 우정, 지역 생태계 존중, 피조물 보호 같은 것들을 배웁니다. 가정은 모든 것을 당연하게 여기지 않는 법을 배우고, 있는 그대로 아끼고 사랑하는 법을 배우는 장소입니다. 건전하고 넓은 마음을 키우고, 거만하지 않게 양해를 구하는 법을 배우는 장소입니다.

프란치스코 교황, 《하느님과 다가올 세계》

오늘의 묵상

오늘의 기도

오늘의 실천

자녀의 진로에 관해 조급해지는 마음을 다스려 보세요. 부모의 역할은 자녀를 믿고 지지해 주는 일입니다.

Day ♥ 88

오늘의 말씀

주님, 천상의 지혜를 제게 내려 주시어, 모든 것 위에 당신을 찾아 만나게 해 주시며, 당신께만 맛 들이고 사랑하게 해 주시며, 그 외의 것은 당신 지혜가 배정하는 그대로 알아보게 해 주소서. 아첨하는 자를 지혜롭게 피하고, 거스르는 자를 인내로 참게 해 주소서.

토마스 아 켐피스, 《준주성범》

오늘의 묵상

오늘의 기도

오늘의 실천

자녀가 자신의 생각을 잘 표현할 수 있도록 격려해 주세요. 자녀에게 용기를 주신 주님의 은총에 감사하는 마음을 드리세요.

Day ♥ 89

오늘의 말씀

지혜는 바래지 않고 늘 빛이 나서 그를 사랑하는 이들은 쉽게 알아보고 그를 찾는 이들은 쉽게 발견할 수 있다. 지혜는 자기를 갈망하는 이들에게 미리 다가가 자기를 알아보게 해 준다. 지혜를 찾으러 일찍 일어나는 이는 수고할 필요도 없이 자기 집 문간에 앉아 있는 지혜를 발견하게 된다.

지혜 6,12-14

오늘의 묵상

오늘의 기도

오늘의 실천

자녀와 함께 천천히 주님의 기도를 바쳐 보세요. 한 구절 한 구절 내용을 마음에 새기면서 바치세요.

Day ♥ 90

오늘의 말씀

당신이 평화라고 생각하는 것을 사랑하는 대신에 다른 사람들을 사랑하고 무엇보다도 하느님을 사랑하십시오. 당신 생각에 전쟁을 일으키는 사람들을 미워하기보다는 당신의 마음속에 있는 욕망과 무질서를 미워하십시오. 그것들이 전쟁의 원인입니다. 평화를 사랑한다면 불의를 미워하고 폭군을 미워하고 욕심을 미워하십시오.

토마스 머튼, 《새 명상의 씨》

오늘의 묵상

오늘의 기도

오늘의 실천

자녀가 집을 나서기 전, 따뜻한 사랑의 말을 건네 주세요. 자녀의 하루가 기쁨으로 가득할 것입니다.

Day ♥ 91

오늘의 말씀

하느님의 뜻대로 살아간다는 것은 사랑이 선사하는 초월적인 자유를 누리면서 사는 일이다. 바로 이 핵심에서 하느님의 다스림이 우리로부터 펼쳐지게 된다. 그것은 보상이나 상급 때문에 비롯된 게 아닌 마르지 않는 샘처럼 우리 안에 있는 사랑, 혹은 에너지의 중심에서 끊임없이 솟아난다.

일리아 델리오, 《주님과 함께하는 10일의 밤》

오늘의 묵상

오늘의 기도

오늘의 실천

자녀와 도서관이나 서점에 방문해 보세요. 자녀가 고른 책에 관해 이야기 나누고 함께 읽어 보세요.

♥
─

계명

예수님께서는 하느님 사랑,
이웃 사랑이라는 두 계명을 알려 주셨습니다.
자녀에게 사랑의 계명을 알려 주고
함께 실천해 보세요.

Day ♥ 92

오늘의 말씀

하느님은 하느님이시고, 우리는 그분의 피조물입니다. 주어진 순간에 우리가 무엇을 느끼든지 우리 위치는 동일합니다. 하느님께서는 우리의 창조주이시며, 구원자이시고, 주님이십니다. 그분은 우리가 나아가야 할 대상이자 갈망의 대상이시며 우리에게 성취를 주실 수 있는 유일한 분이십니다.

안토니 블룸, 《살아 있는 기도》

오늘의 묵상

오늘의 기도

오늘의 실천

오늘 하루 주님께서 자녀에게 주신 은총을 떠올려 보세요. 기도 중에 기억하며 감사의 마음을 드리세요.

Day ♥ 93

> **오늘의 말씀**
>
> 하느님의 은사와 은총이 충만하기를 바라며 하느님 안에서 기쁨과 즐거움, 위로를 찾는 사람은 많다. 그러나 자신의 기호 따위에 구애되지 않고 오로지 하느님만을 기쁘게 해 드리고자 고통을 참고 희생을 바치려고 노력하는 사람은 그 얼마나 드문가!
>
> 십자가의 요한 성인, 《십자가의 성 요한 영적 권고》

오늘의 묵상

오늘의 기도

오늘의 실천

자녀에게 꼭 닮았으면 하는 마음을 노트에 적어 보세요. 노트에 적은 내용을 다시금 새기며 자녀를 위한 화살기도를 드리세요.

Day ♥ 94

오늘의 말씀

하늘의 너희 아버지께서는 이 모든 것이 너희에게 필요함을 아신다. 너희는 먼저 하느님의 나라와 그분의 의로움을 찾아라. 그러면 이 모든 것도 곁들여 받게 될 것이다. 그러므로 내일을 걱정하지 마라. 내일 걱정은 내일이 할 것이다. 그날 고생은 그날로 충분하다.

마태 6,32-34

오늘의 묵상

오늘의 기도

오늘의 실천

자녀가 좋아하는 간식을 만들어 주세요. 바쁜 하루 속에서 쉬어 가는 시간을 선물해 주세요.

Day ♥ 95

오늘의 말씀

모든 이의 샘, 모든 이의 의미, 모든 이의 마지막 목적지는 하느님이십니다. 저는 하느님께서 어떻게든, 아주 작은 그의 선한 의지를 통해서라도 모든 이를 구원하기 위해 힘쓰신다고 믿습니다. 이렇게 생각하는 것만으로 얼마나 위로가 되고 용기가 납니까!

프란치스코 교황, 《하느님과 다가올 세계》

오늘의 묵상

오늘의 기도

오늘의 실천

자녀에게 꼭 필요한 훈육은 무엇인지 생각해 보세요. 자녀가 올바른 길을 가도록 주님께 은총을 청하세요.

Day ♥ 96

오늘의 말씀

새벽의 날개를 이 몸이 친다 하여도, 저 바다의 먼 끝에 산다하여도 거기에도 당신 손은 나를 인도하시고, 그 오른손 이 몸을 잡아주시리다. "어둠이나마 나를 덮씌워서, 빛인 듯 밤이 나를 휘감는다면" 할 때에도 어두움 그것마저 당신께는 어둡지 않아, 밤 또한 낮과 같이 환히 밝으며, 캄캄함도 당신께는 빛과 같으오리다.

《시편과 아가》, 시편 139편

오늘의 묵상

오늘의 기도

오늘의 실천

자녀에게 묵주 선물을 해 보세요. 선물해 준 묵주로 자녀와 함께 묵주 기도를 드리는 시간을 가져 보세요.

Day ♥ 97

오늘의 말씀

온전히 그분께 속하는 데서부터 시작합시다. 그분께서는 우리에게 전부가 되고 싶어 하시니, 이 은총을 구합시다. 만일 우리가 우리 편에서 할 수 있는 일을 하면, 곧 우리 안에서 바라던 변화가 일어나는 것을 보게 될 것입니다.

부활의 로랑, 《하느님의 현존 연습》

오늘의 묵상

오늘의 기도

오늘의 실천

주님께 받은 사랑을 잊어버리진 않았는지 떠올려 보세요. 나는 어떤 사랑을 받고 있는지 생각하며 감사하는 마음으로 기도드리세요.

Day ♥ 98

오늘의 말씀

하느님의 뜻을 실행할 때 우리는 사랑을 구걸하시는 그분을 우리 내면의 집에 초대하게 된다. 사랑을 구걸하시는 하느님께 신뢰를 두는 일은 우리가 가진 모든 것을 그분께 넘겨 드리는 일을 뜻한다. 이는 의탁이다.

일리아 델리오, 《주님과 함께하는 10일의 밤》

오늘의 묵상

오늘의 기도

오늘의 실천

자녀와 미사를 참례 한 후, 기억에 남는 복음이나 강론에 관해 이야기 나눠 보세요. 자녀의 신앙심을 키울 수 있을 것입니다.

Day ♥ 99

오늘의 말씀

십자가에 못 박히신 예수 그리스도의 모습을 마음속으로 떠올리며, 이렇게 말하십시오. "여기에 제 희망이 있습니다. 여기에 넘쳐 나는 제 행복의 샘이 있습니다. 여기에 제 영혼의 마음이 있고, 제 마음의 영혼이 있습니다."

프란치스코 살레시오 성인, 《가시 속의 장미》

오늘의 묵상

오늘의 기도

오늘의 실천

자녀가 하고 싶은 일이 무엇인지 물어보세요. 당장 할 수 있는 일이라면 가족이 함께 자녀가 원하는 일을 할 수 있도록 도와주세요.

Day ♥ 100

오늘의 말씀

예루살렘 위하여 평화를 빌어 주라 "너를 사랑하는 이들에게 평화 있기를" 너의 성 그 안에 평화가 있기를 너의 궁 그 안에 평화가 있기를 내 형제, 벗들 위하여 말하노라 "평화가 너와 함께 있기를" 우리 주 하느님의 집을 위하여, 너의 모든 행복을 나는 비노라.

《시편과 아가》, 시편 122편

오늘의 묵상

오늘의 기도

오늘의 실천

주님께서 우리를 안아 주시듯, 자녀를 꼭 안아 주세요. 자녀가 부모에게 사랑받는다는 마음을 느낄 수 있게 해 주세요.

♥
―

편지

진심이 담긴 편지 한 장은 소중한 선물이 됩니다.
자녀를 사랑하는 마음을 편지로 표현한다면
자녀는 더 큰 기쁨과 사랑을
느낄 수 있어요.

자녀를 위한 하느님의 은총을 청하는 100일
자녀 축복 노트

2024년 5월 8일 교회 인가
2024년 6월 20일 초판 1쇄 펴냄
2025년 4월 28일 초판 2쇄 펴냄

지은이 · 가톨릭출판사 편집부
펴낸이 · 정순택
펴낸곳 · 가톨릭출판사
편집 겸 인쇄인 · 김대영
편집 · 김지영, 강서윤, 김지현, 박다솜
디자인 · 강해인, 이경숙, 정호진
마케팅 · 임찬양, 안효진, 황희진, 노가영

본사 · 서울특별시 중구 중림로 27
등록 · 1958. 1. 16. 제2-314호
전자우편 · edit@catholicbook.kr
전화 · 1544-1886(대표 번호)
지로번호 · 3000997

ISBN 978-89-321-1905-2 04230
ISBN 978-89-321-1904-5 (세트)

값 12,000원

성경 · 전례문 ⓒ 한국천주교중앙협의회, 2024.

이 책의 한국어 출판권은 (재)천주교서울대교구 가톨릭출판사에 있습니다.
저작권법에 의해 보호를 받는 저작물이므로 무단 전재와 무단 복제를 금합니다.

가톨릭의 모든 도서와 성물, 디지털 콘텐츠를 '가톨릭북플러스'에서 만날 수 있습니다.
https://www.catholicbookplus.kr | (02)6365-1888(구입 문의)